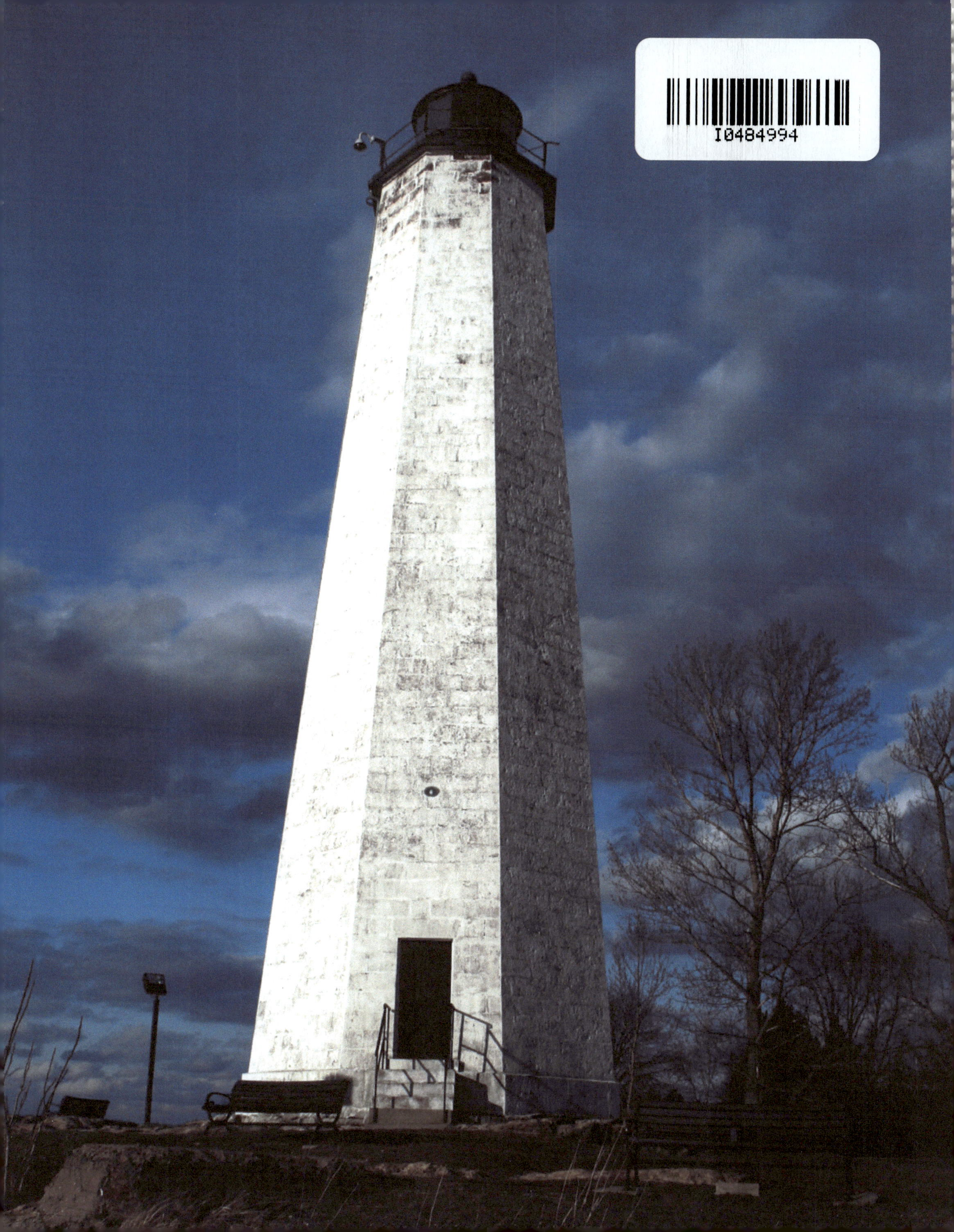

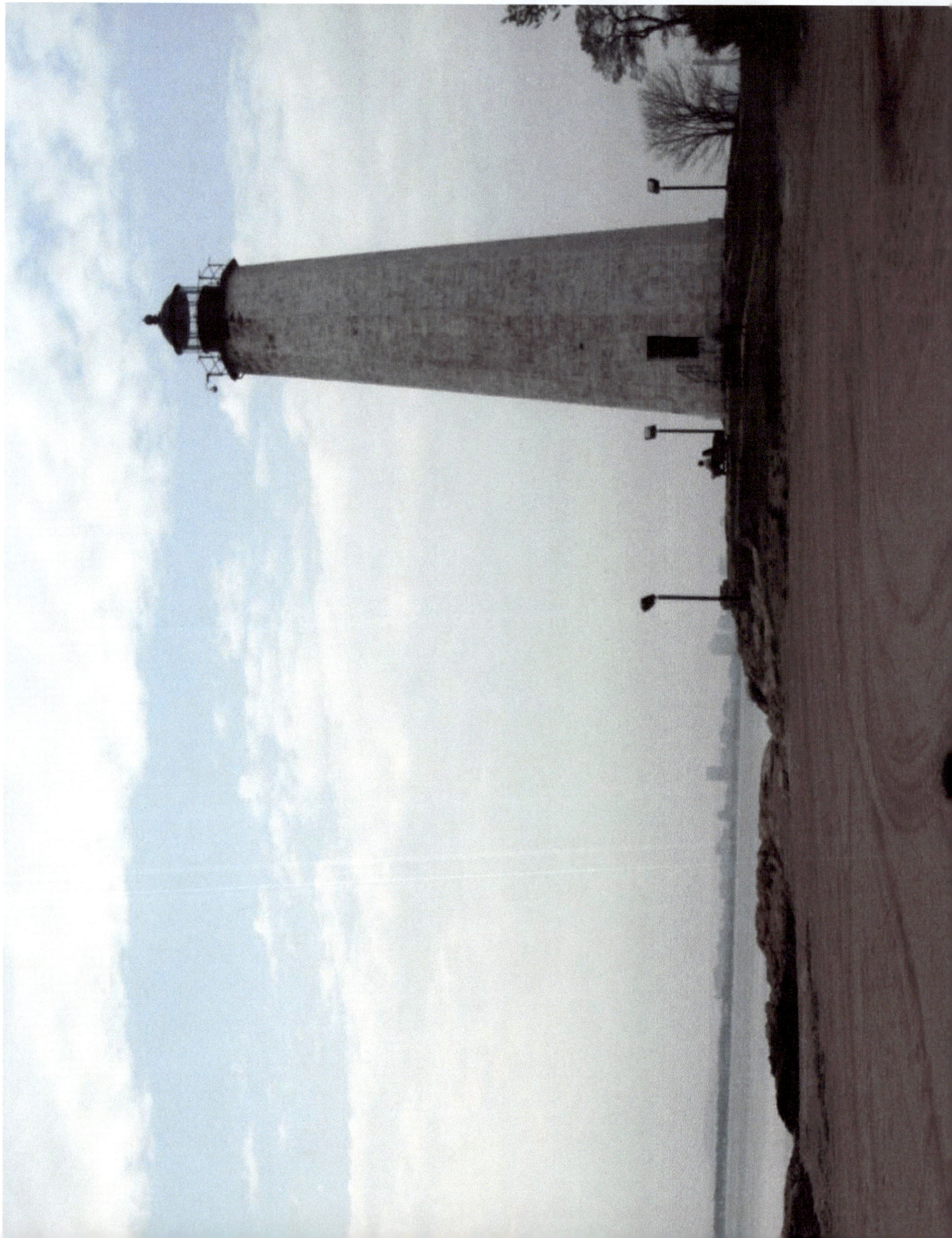

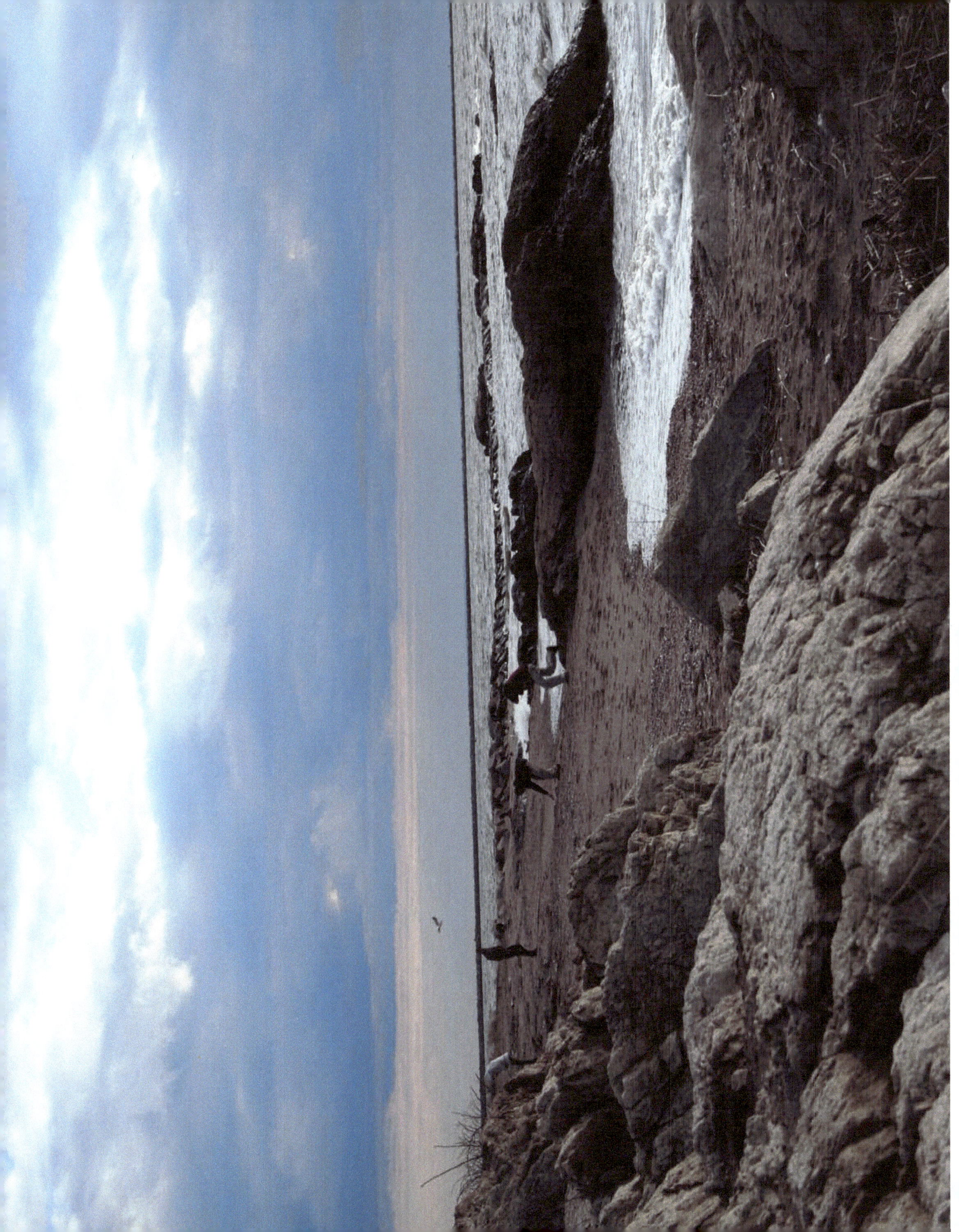

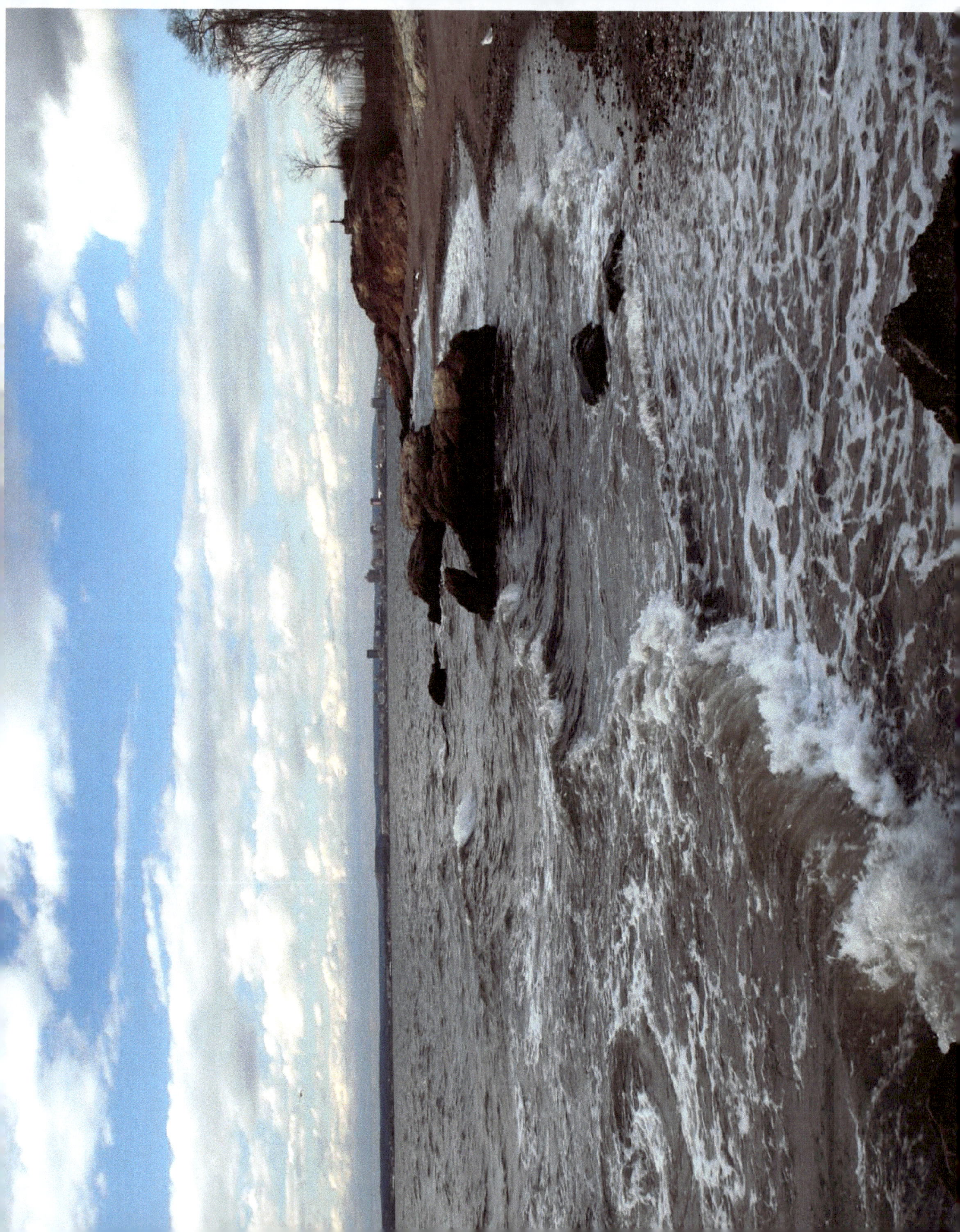

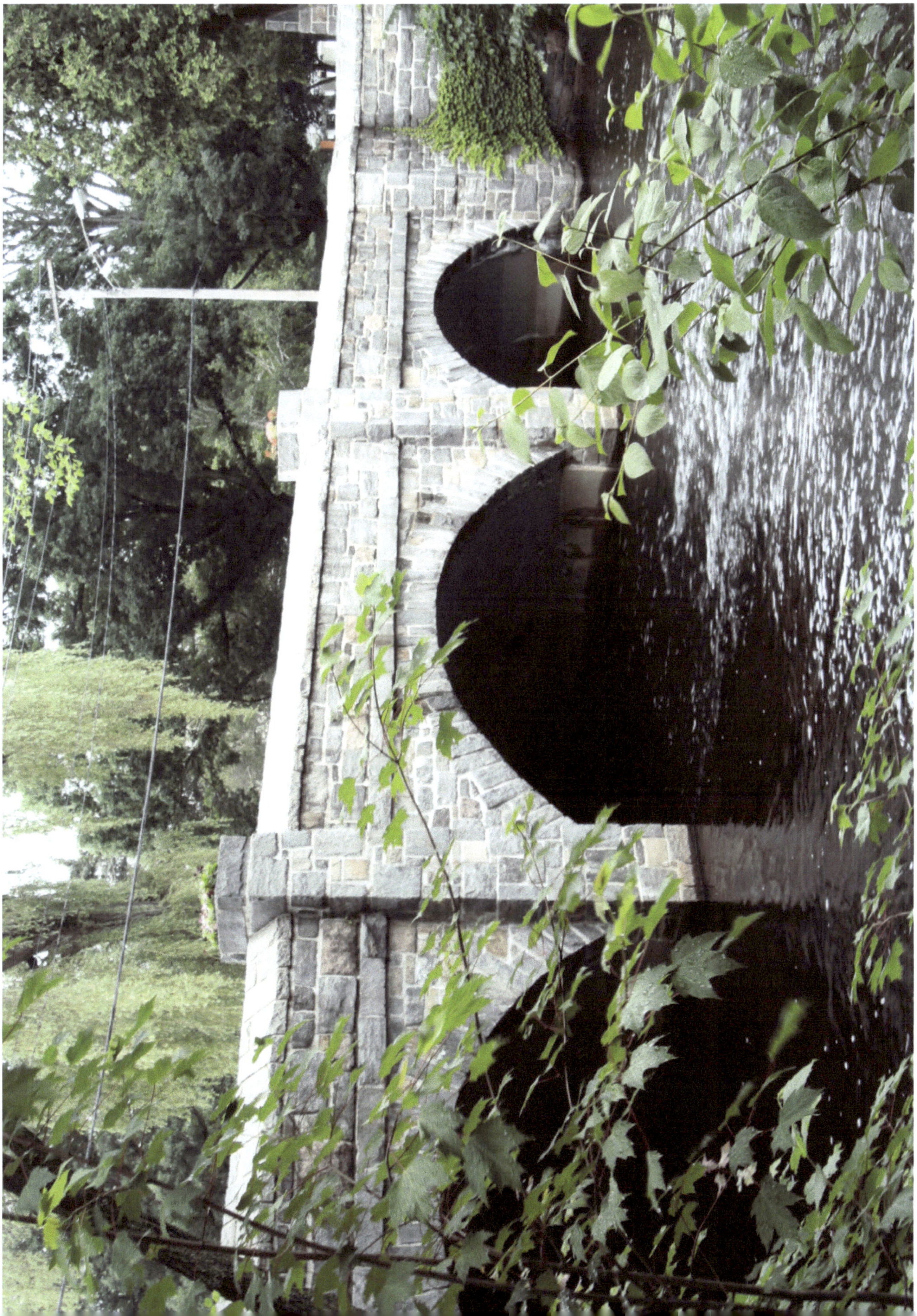

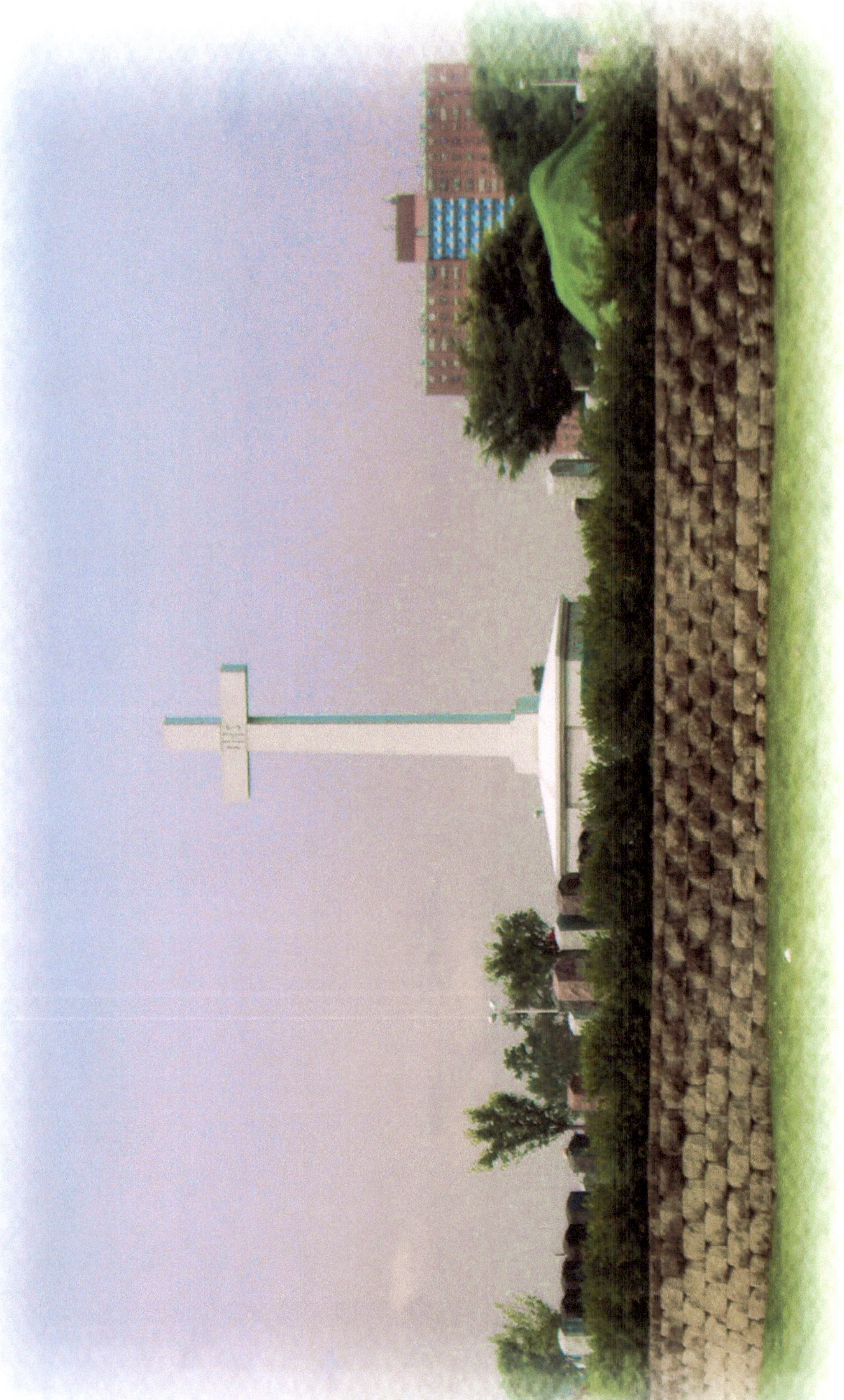

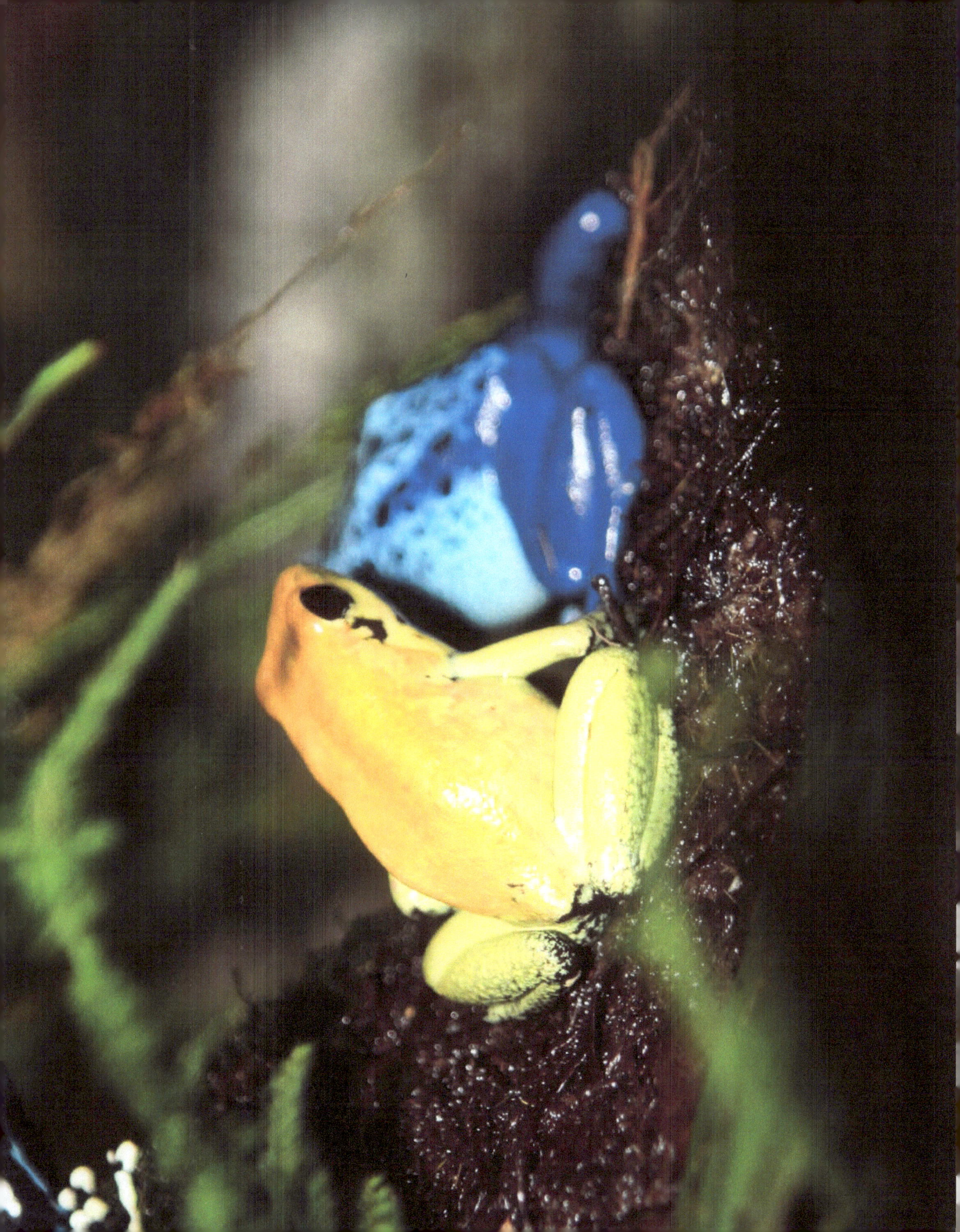

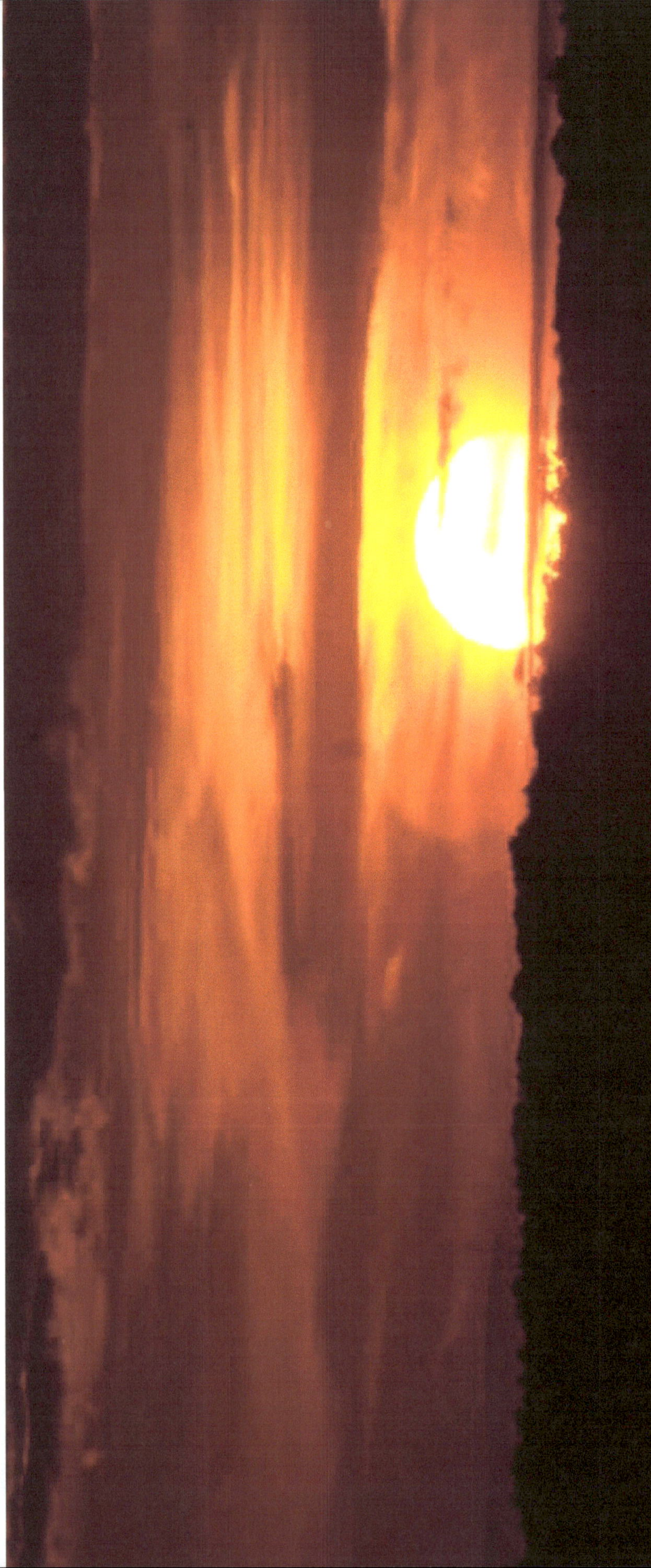

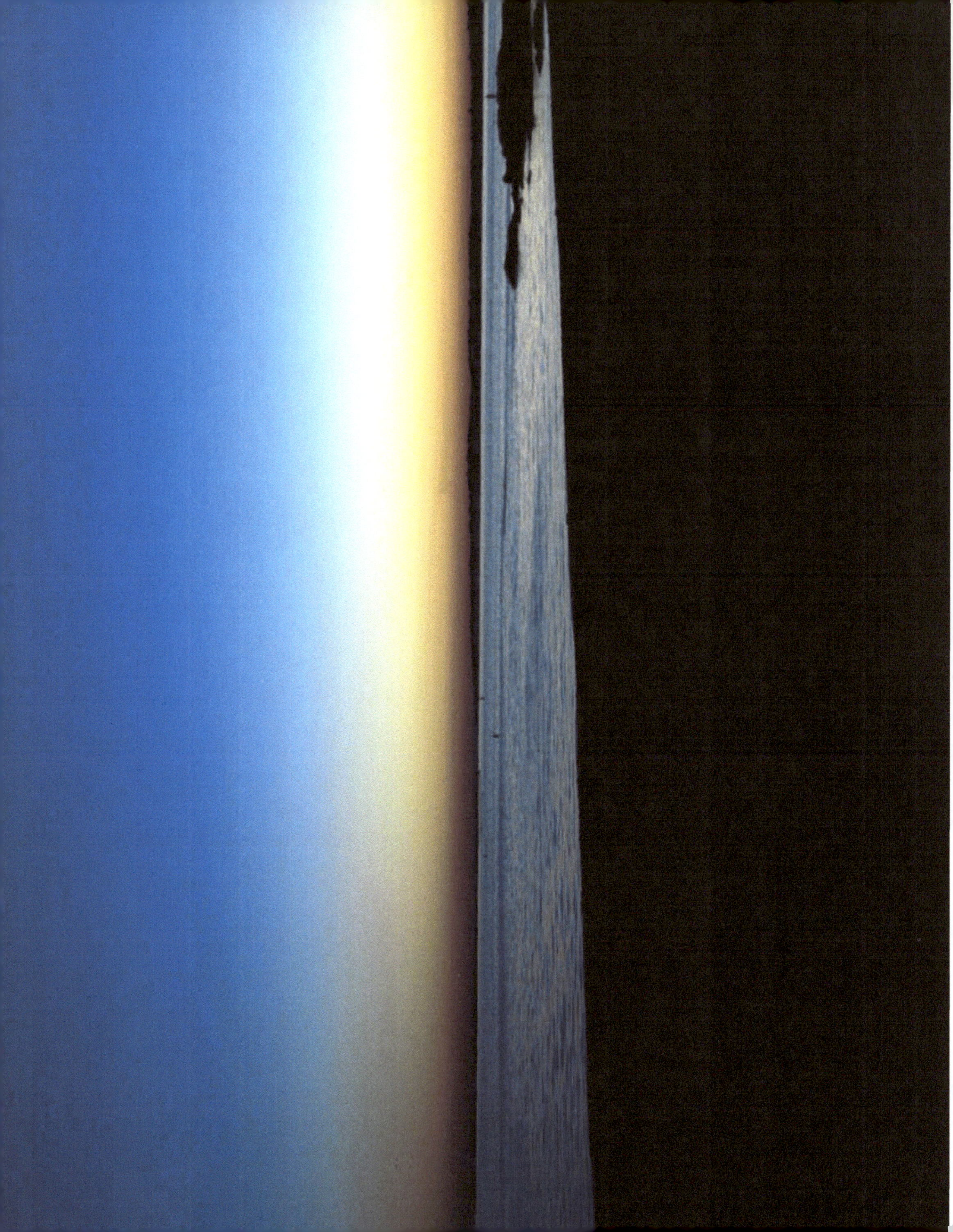

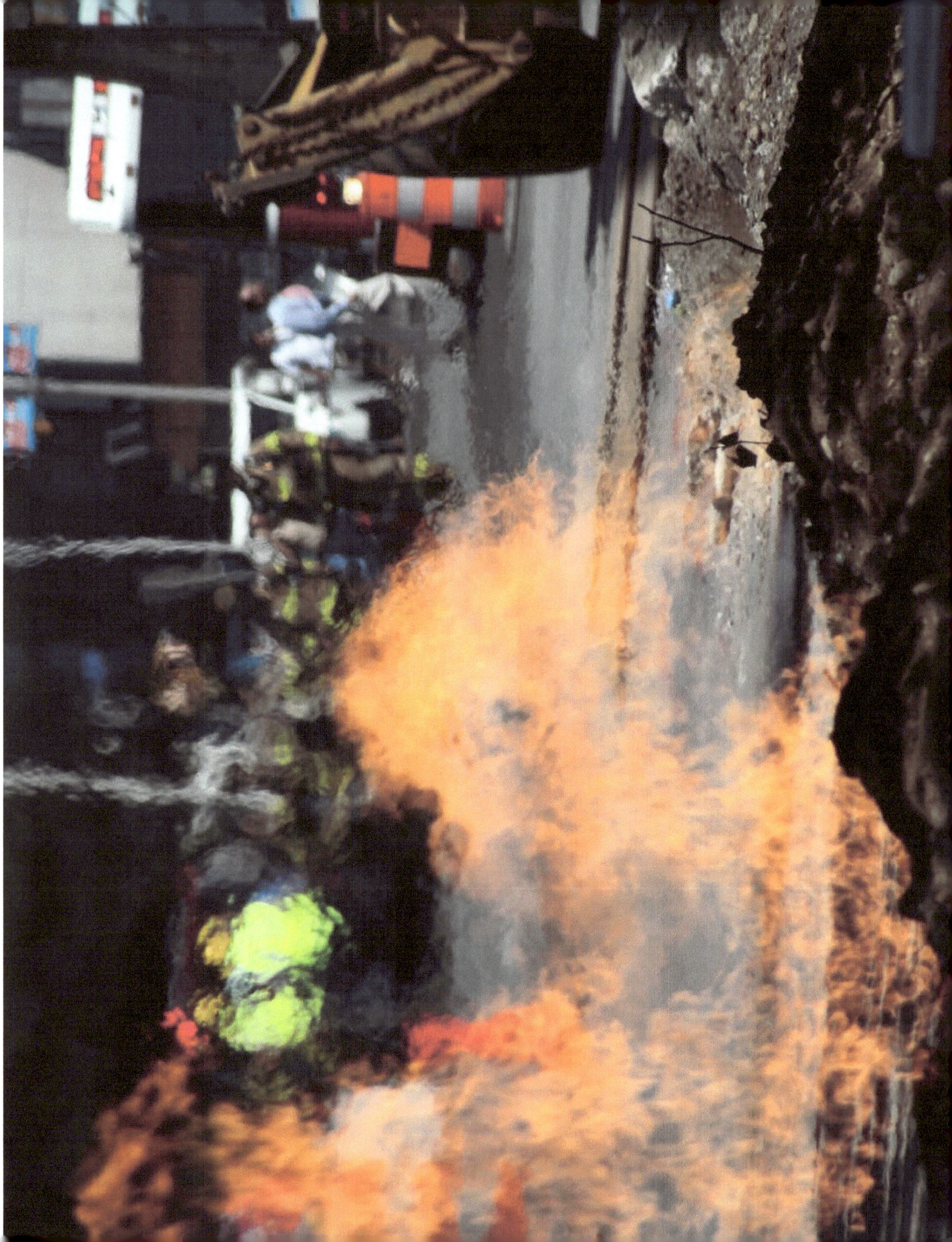

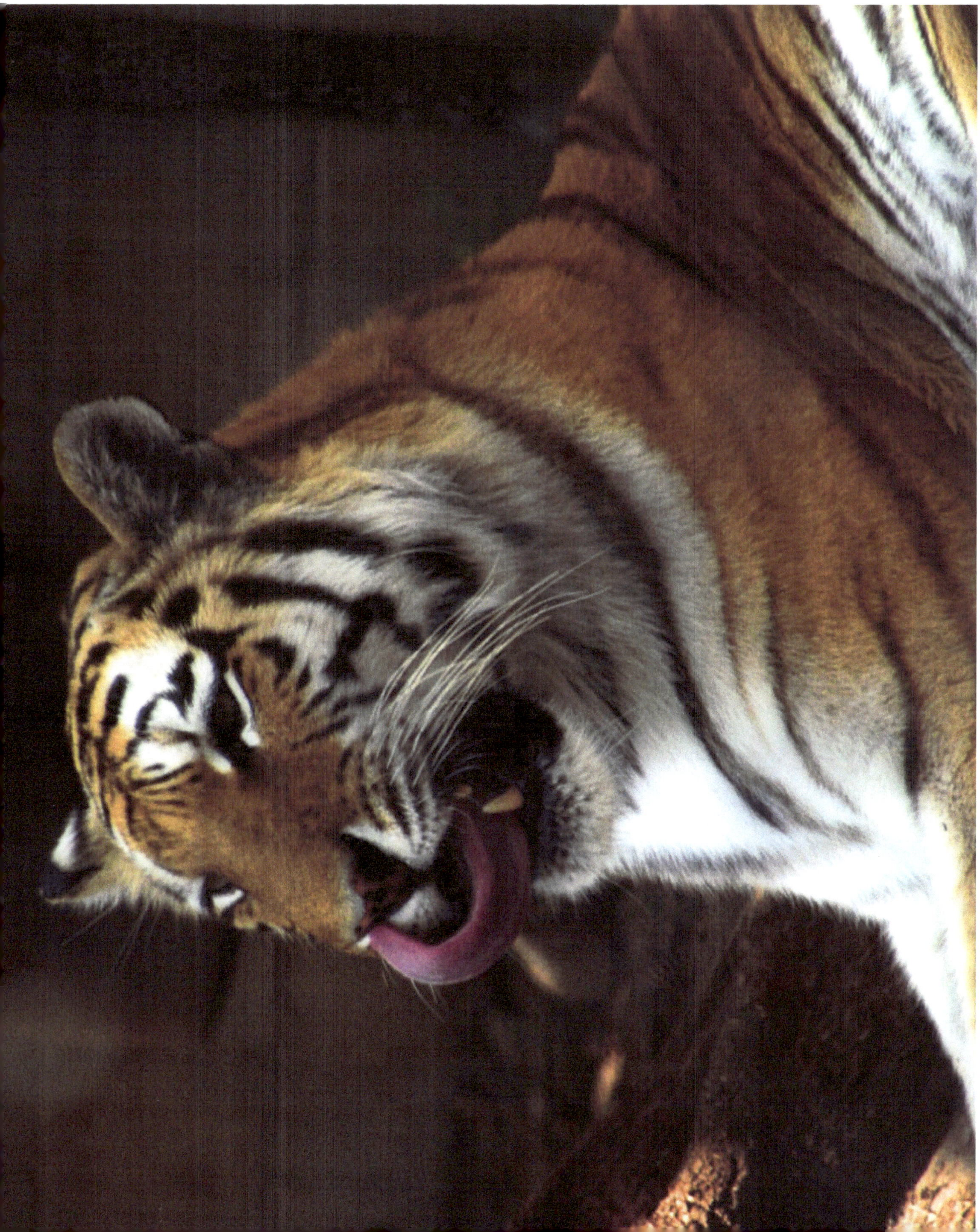

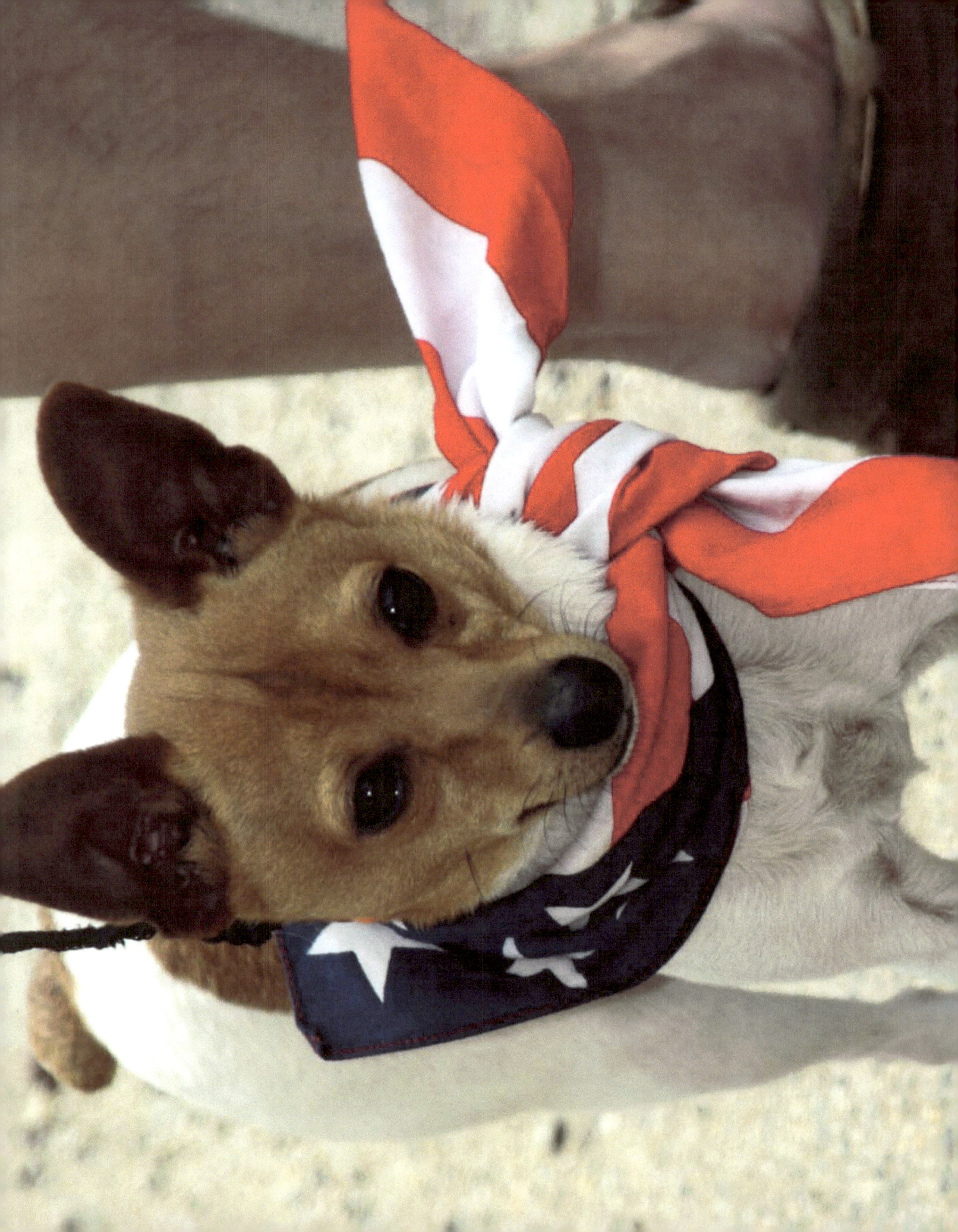

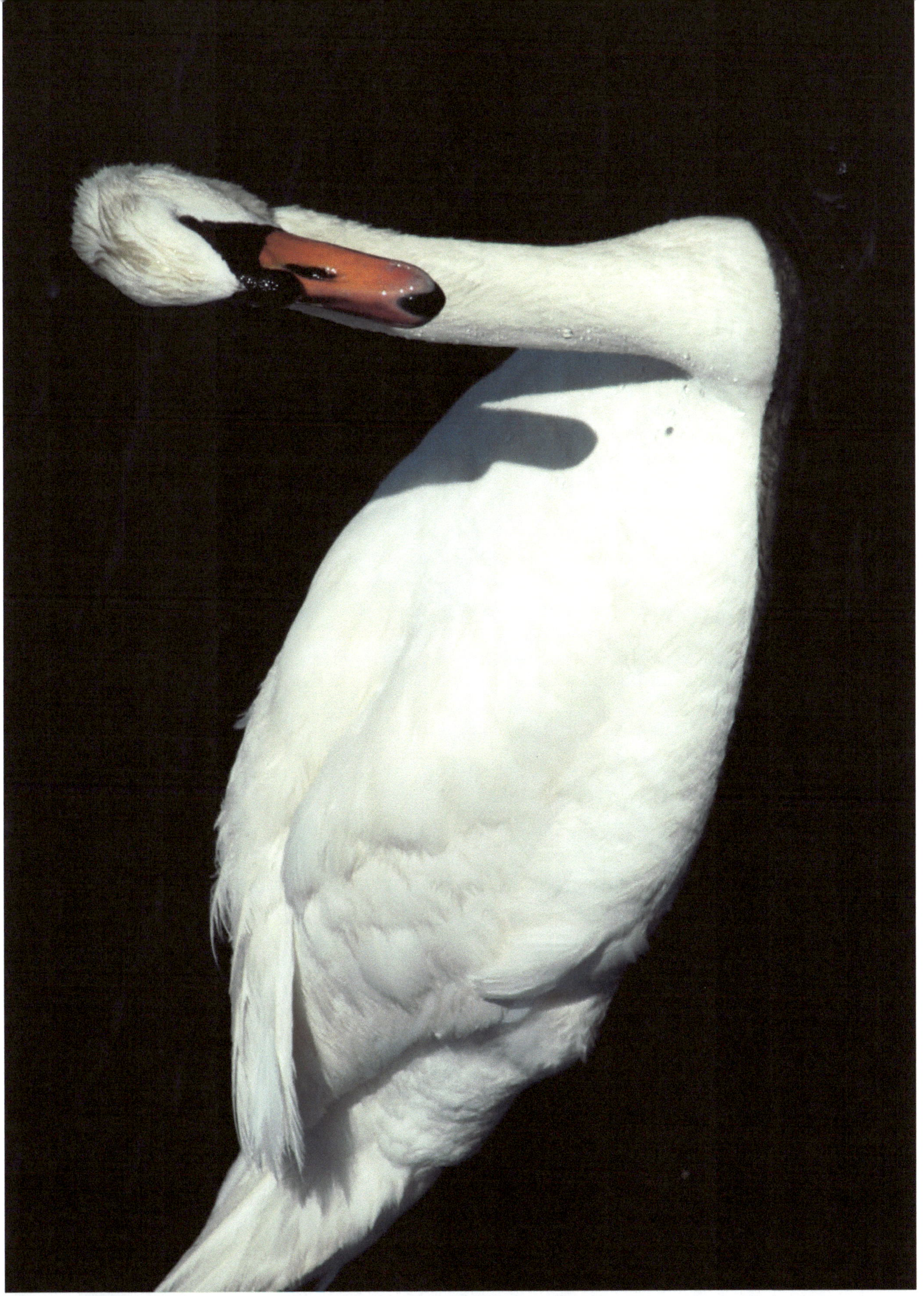

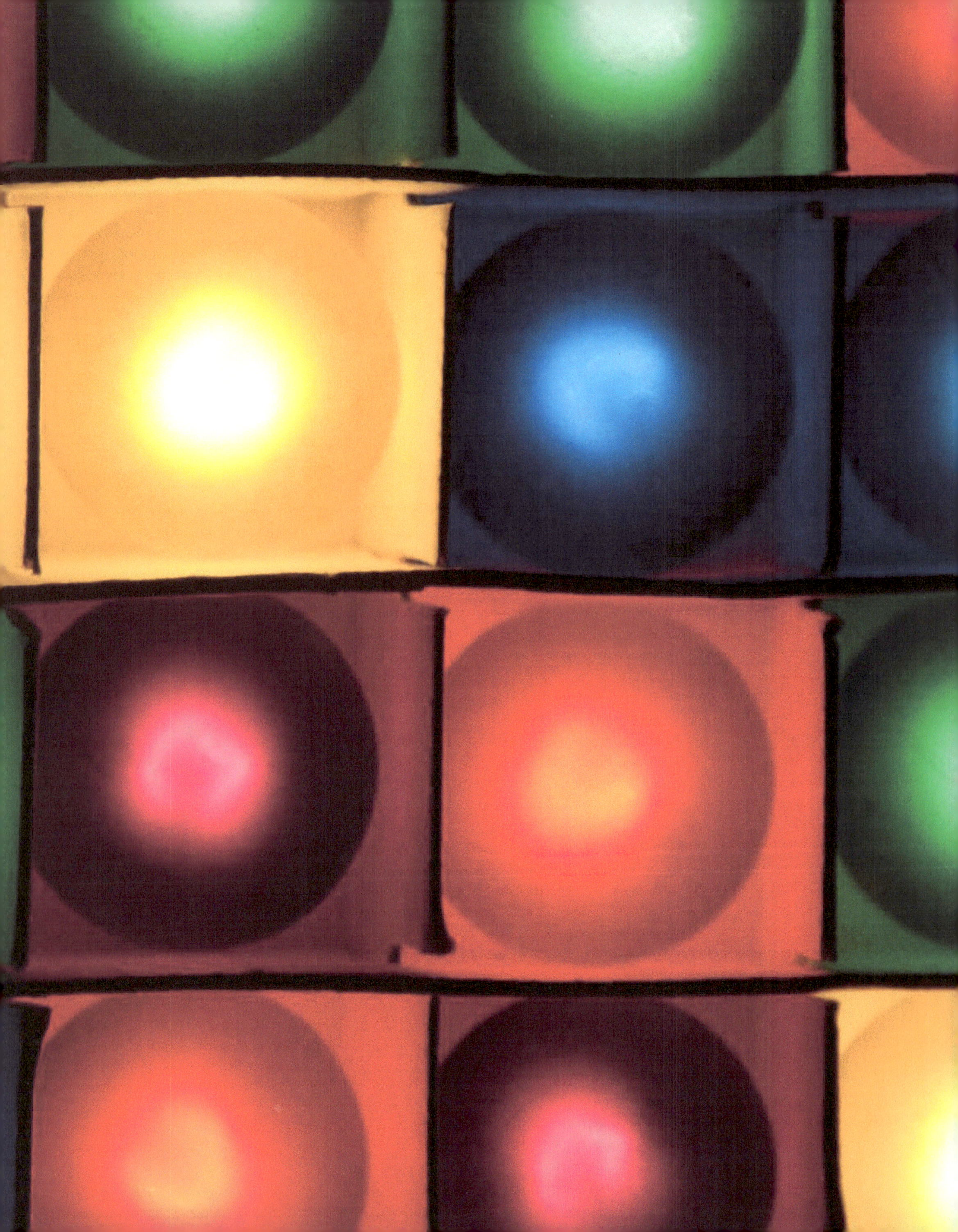

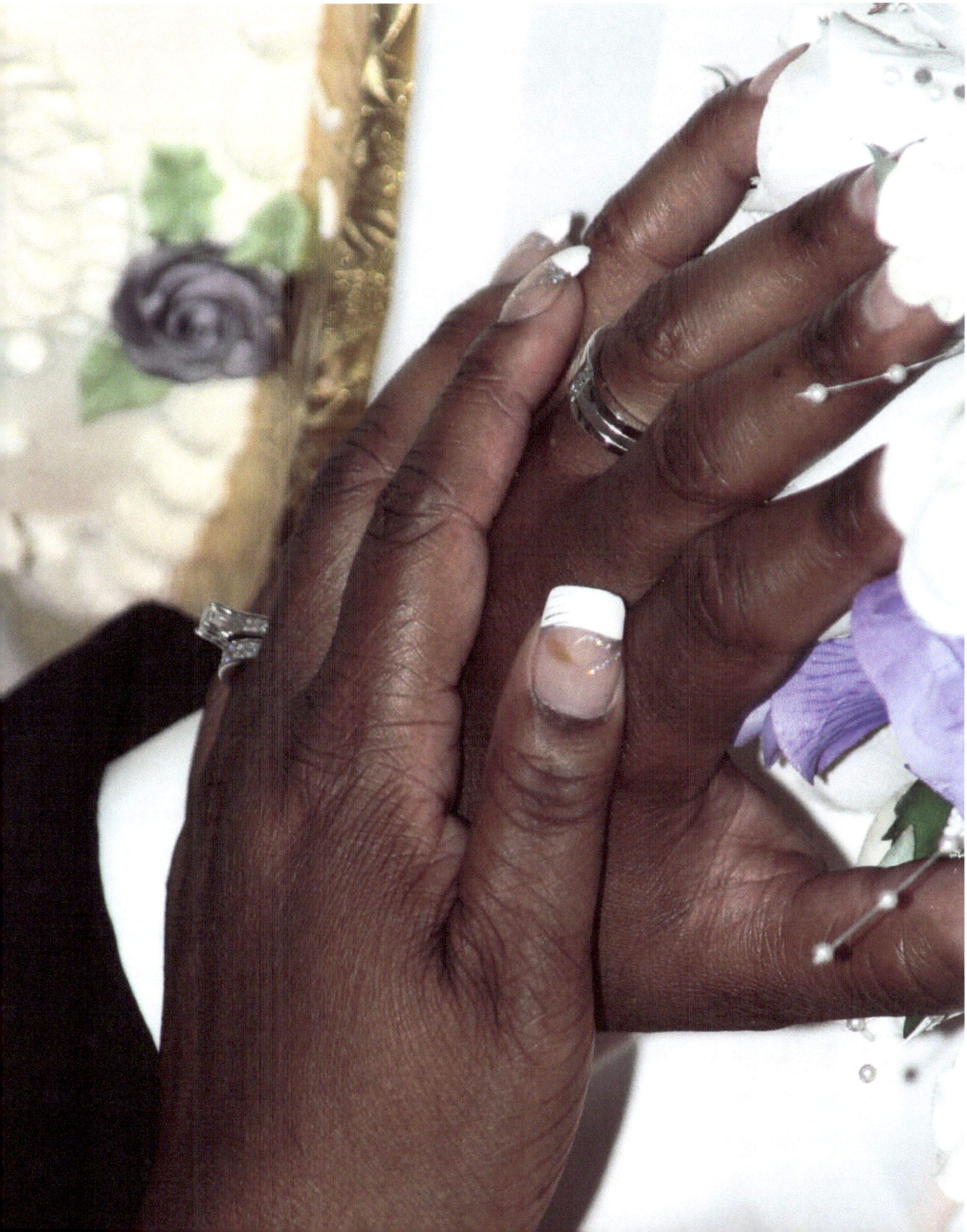

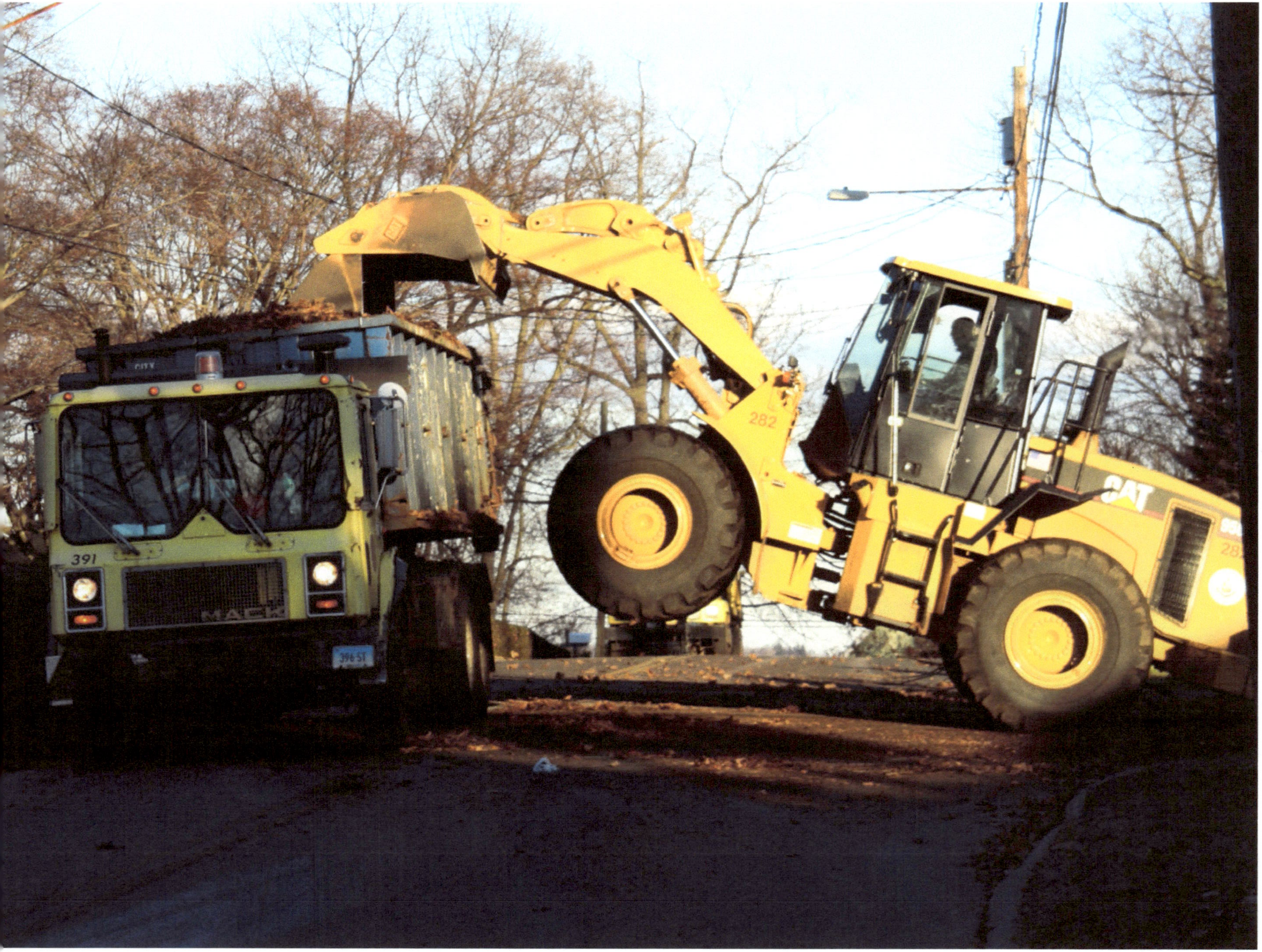
391
MACK
396 ST
282
CAT

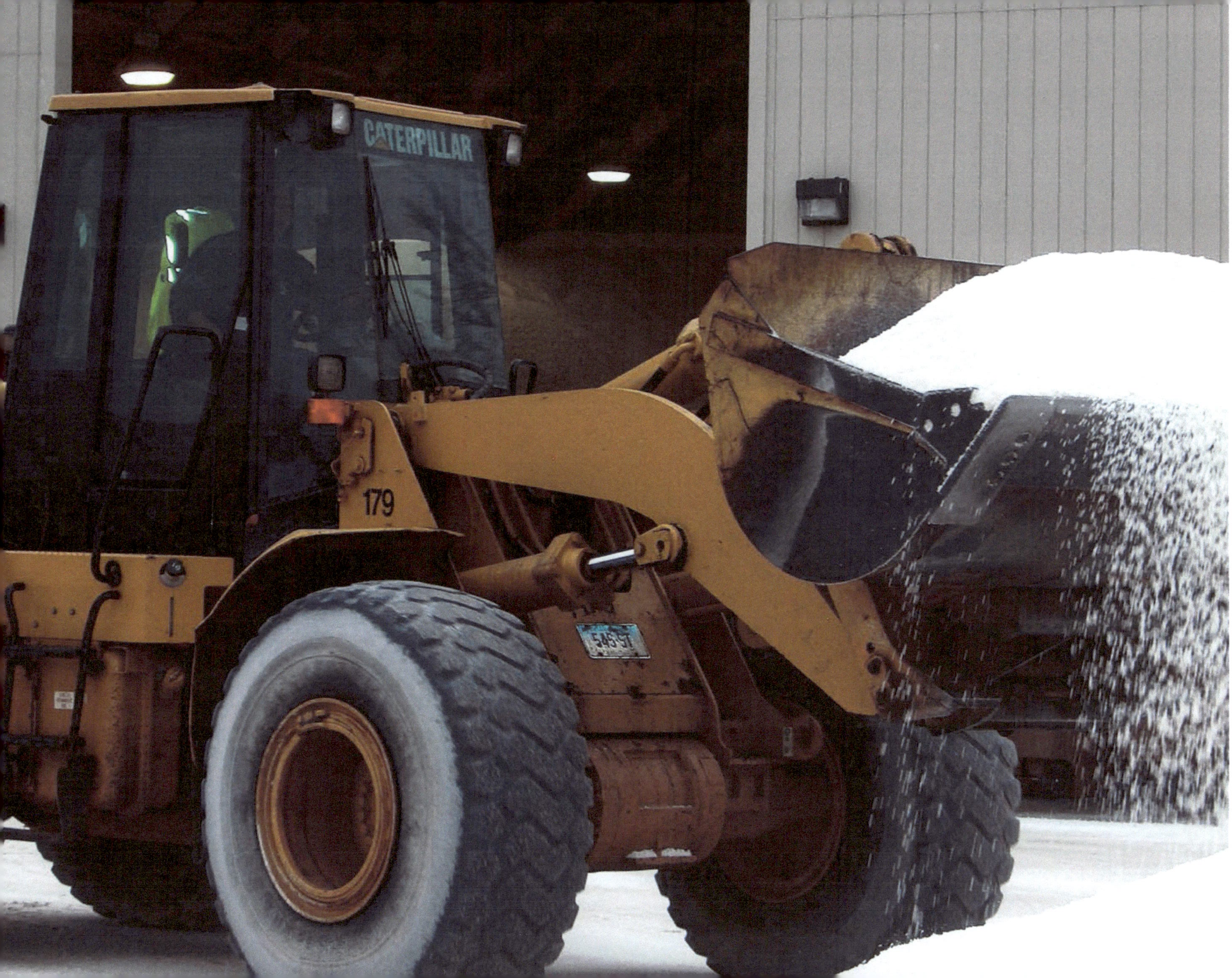
CATERPILLAR
179

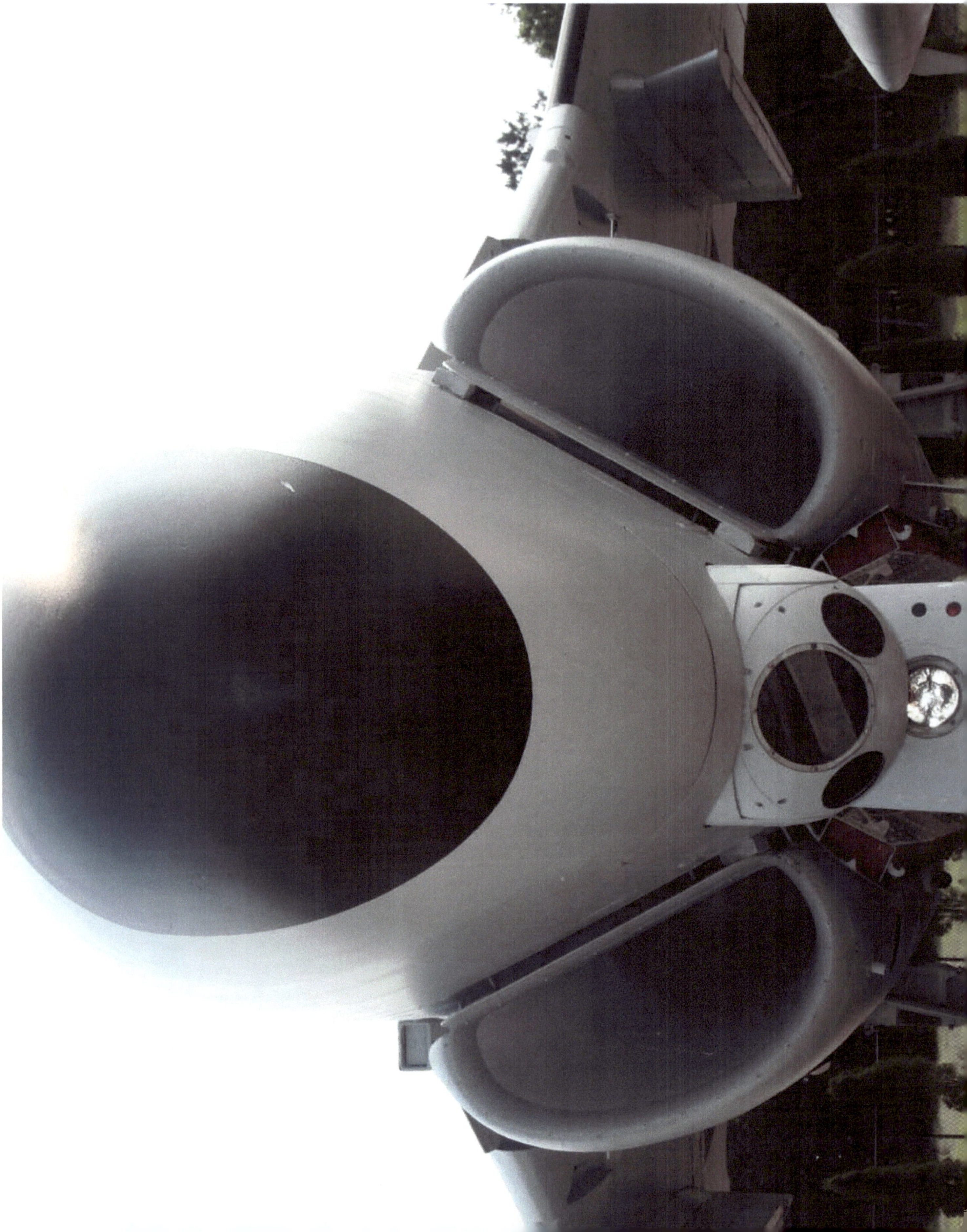

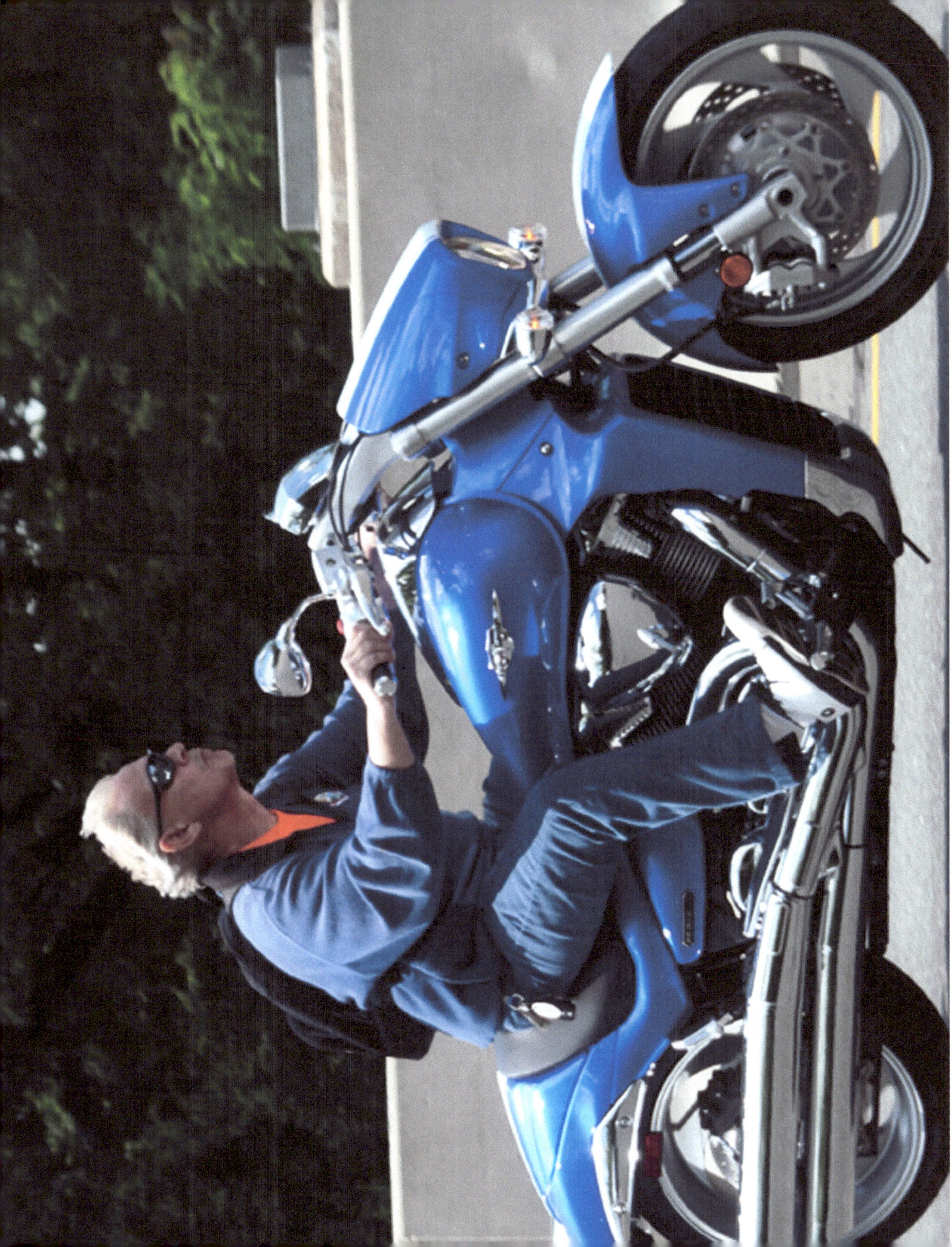

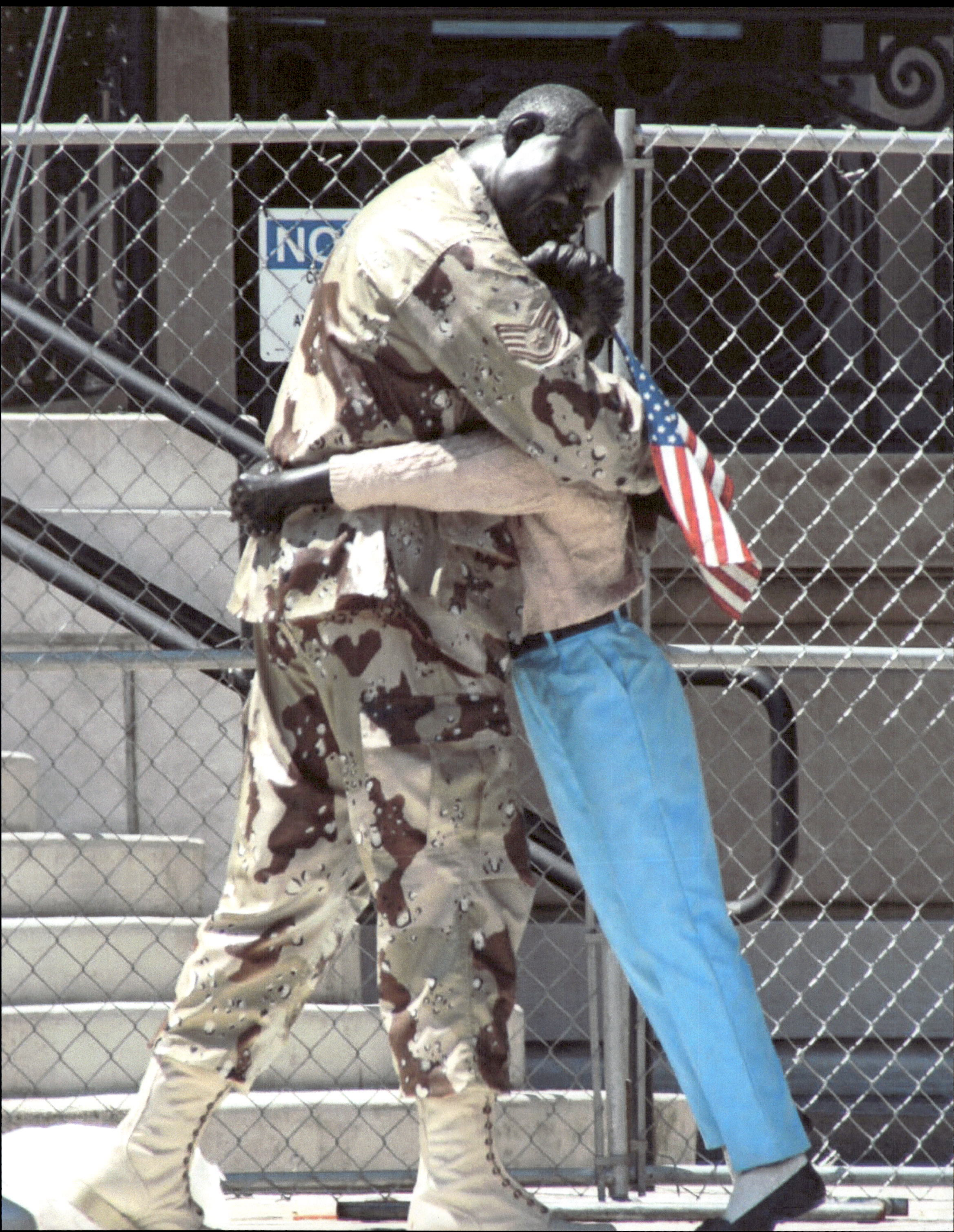

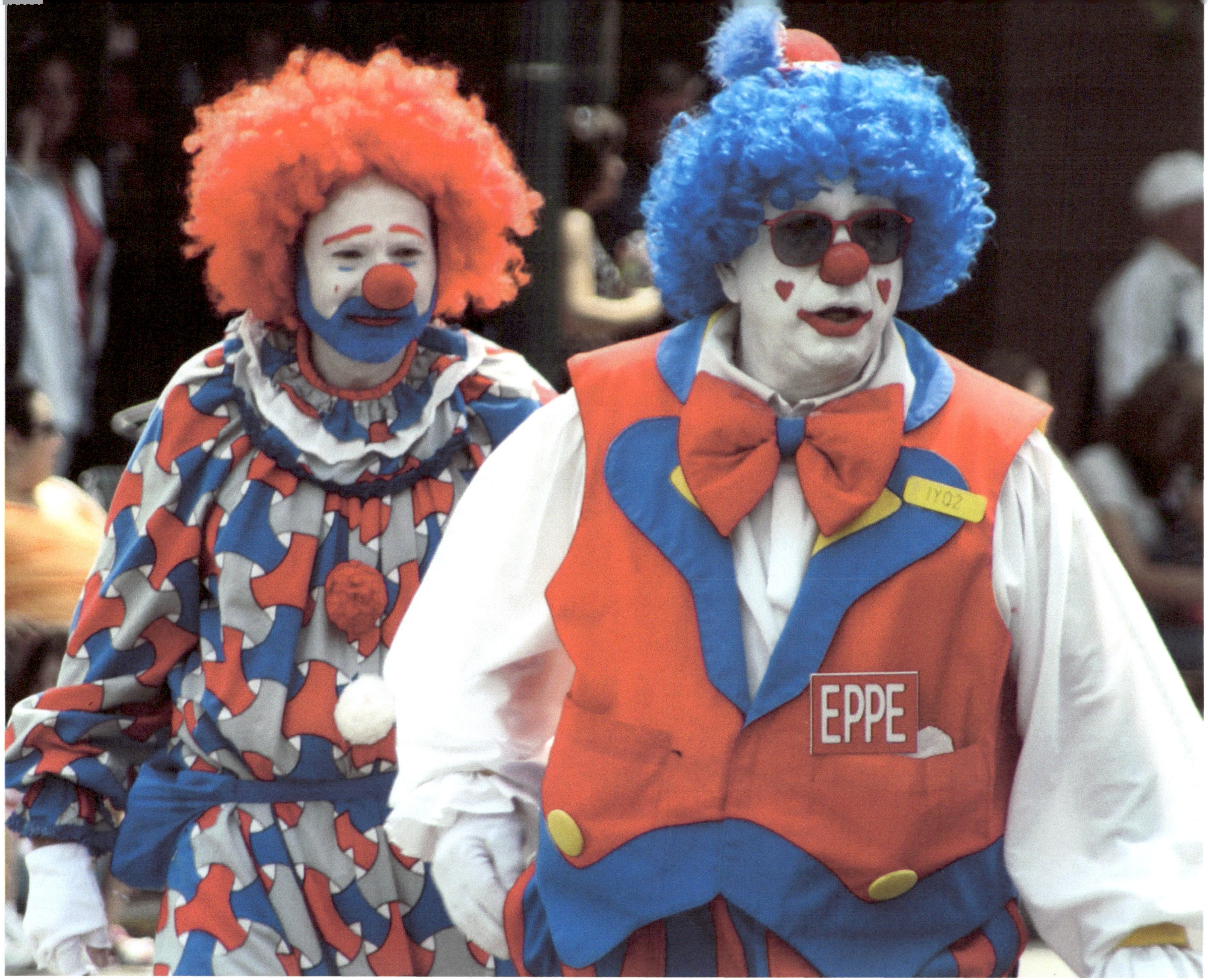
EPPE

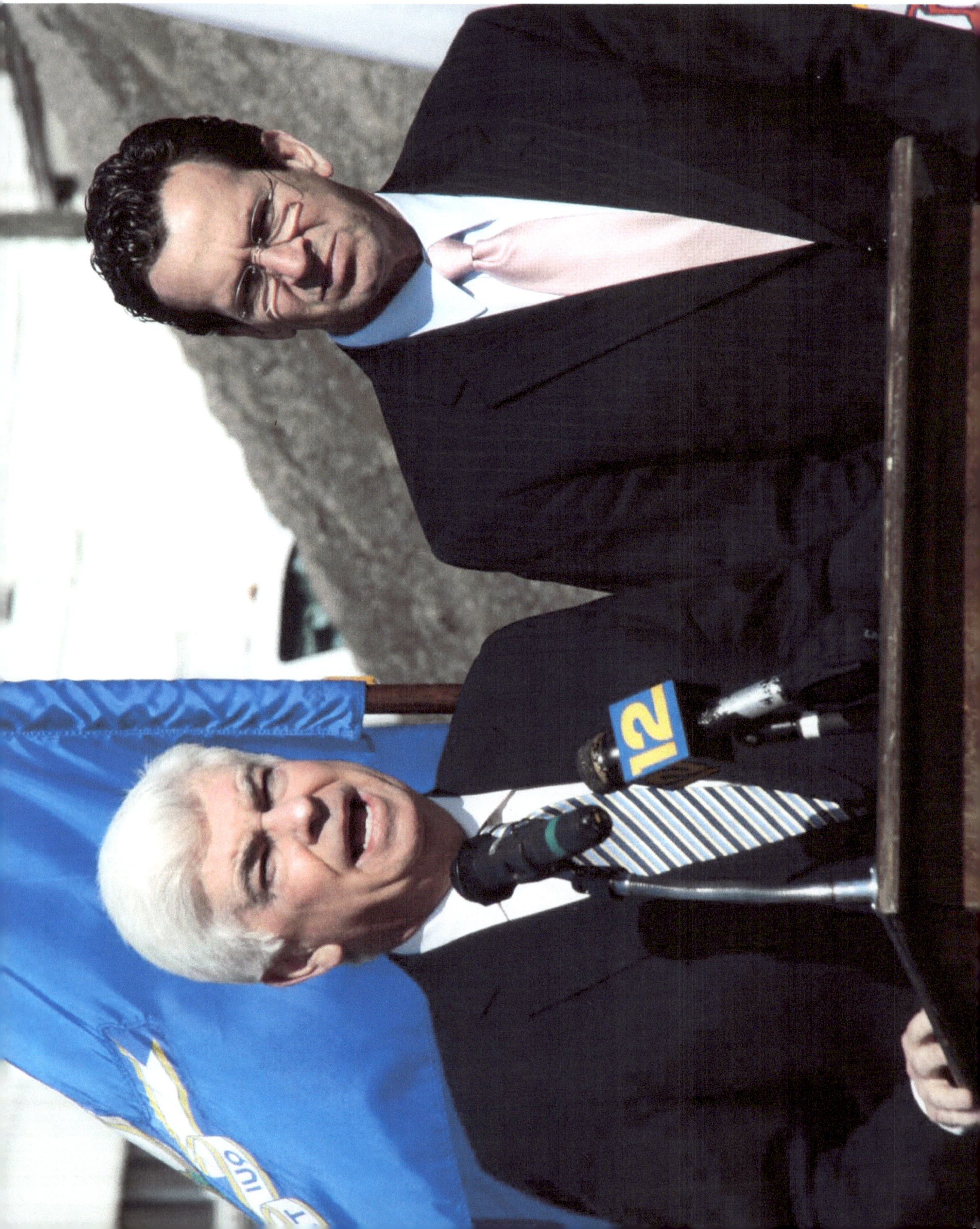
12

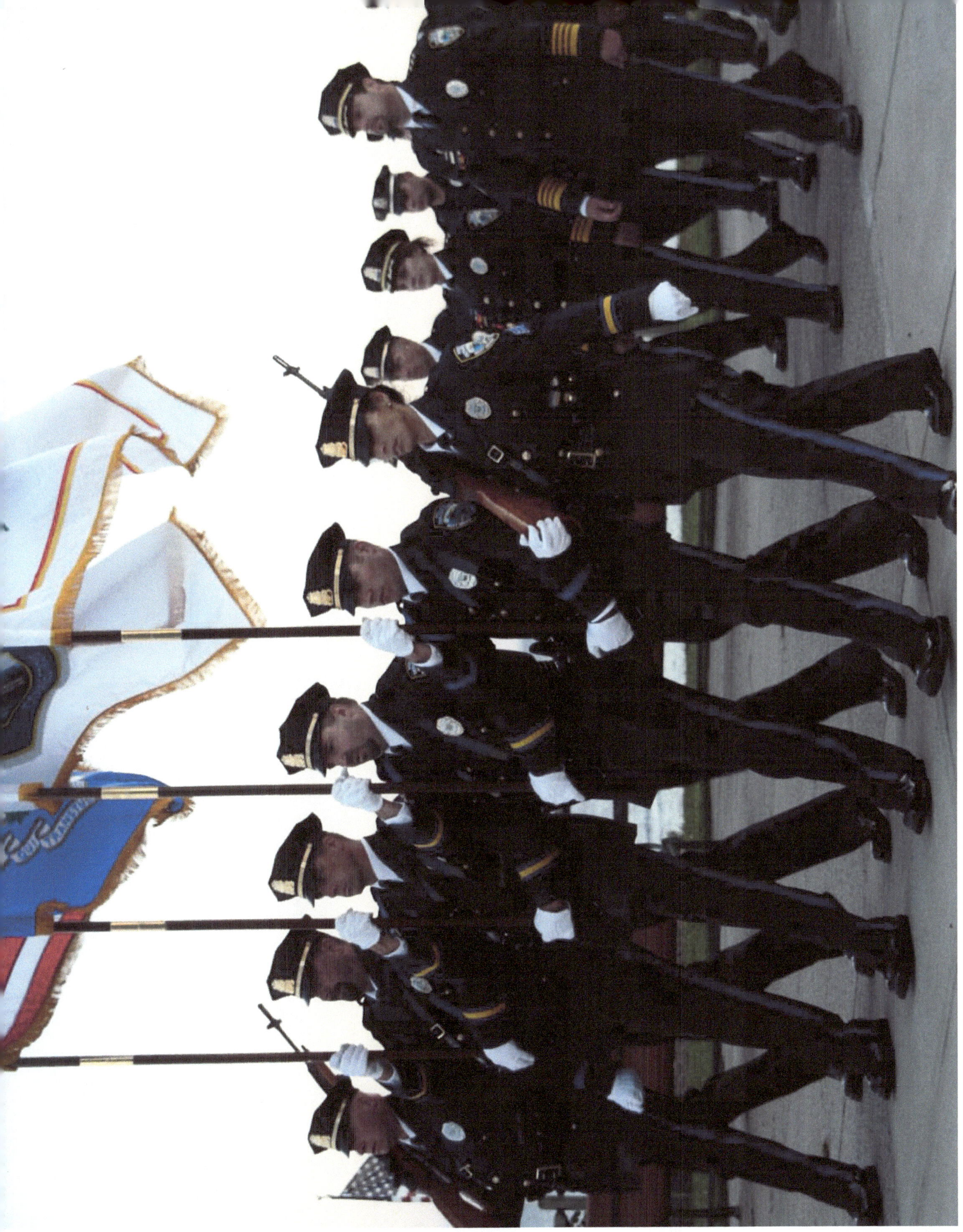

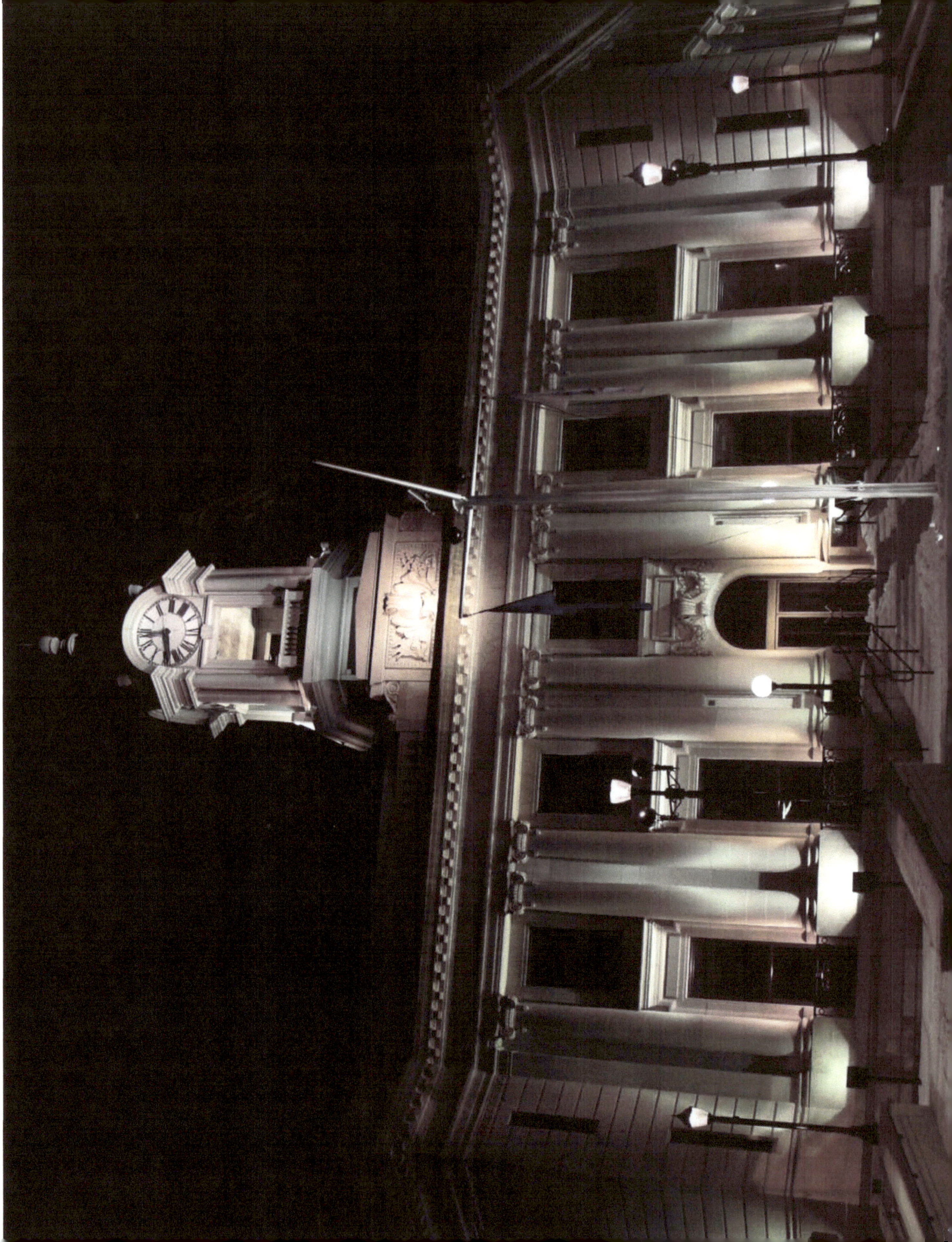

www.ingramcontent.com/pod-product-compliance
Lightning Source LLC
Chambersburg PA
CBHW050434180526
45159CB00006B/2532
* 9 7 8 1 4 4 9 5 0 2 8 8 1 *